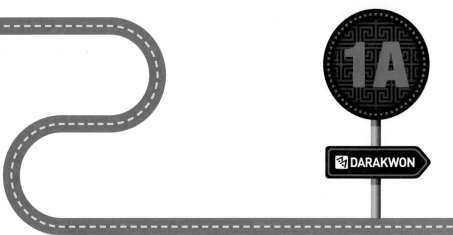

하이! 코리안

Hi! KOREAN
Workbook

1A

DARAKWON

일러두기

〈Hi! Korean Workbook 1〉은 Student's Book과 함께 수업 시간에 활용할 수 있는 교재로, '1단원~12단원'이 '문법 연습'과 '자기 평가'로 구성되어 있다. 문법 연습은 Student's Book에서 학습한 문법을 기계적인 교체 연습부터 확장 연습까지 단계적으로 복습할 수 있도록 하였고, 자기 평가는 단원에서 학습한 어휘와 문법에 대한 문제를 제시하여 이해의 정도를 확인할 수 있도록 하였다.

문법 연습　　형태 연습, 문장 구성 연습, 대화 및 담화 구성 연습으로 구성된다.

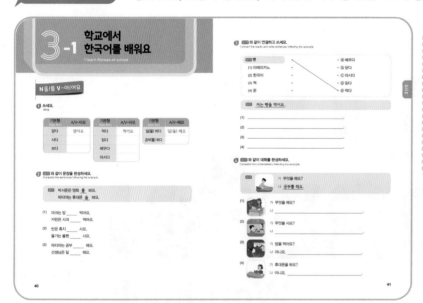

> 목표 문법의 형태 변화와 교체 연습, 그리고 문장을 구성하는 연습을 한다. 또한 제시된 그림이나 사진, 단어 등을 활용하여 대화와 담화를 구성하는 연습을 한다.

자기 평가　　다양한 형태의 문제를 통해 단원에서 학습한 어휘와 표현, 문법의 이해 정도를 점검한다.

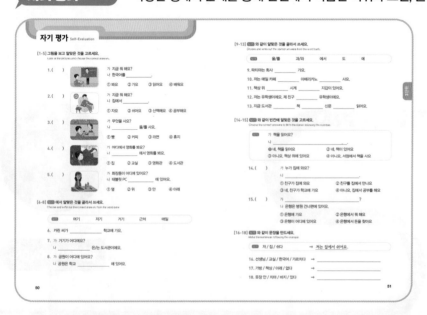

부록　　정답: 소단원1, 2와 한 단계 오르기의 문법 문제에 대한 모범 답안을 제공한다.

How to Use

"Hi! Korean Workbook 1" is a textbook that can be used in class with the Student's Book and is made up of the "Grammar Practice" and "Self-Evaluation" sections of chapters 1 through 12. "Grammar Practice" allows for a step-by-step review of the grammar learned in the Student's Book, from basic repeated replacement exercises to expanded exercises; "Self-Evaluation" presents questions about the vocabulary and grammar learned in a given chapter so that you can check your degree of comprehension.

Grammar Practice Consists of conjugation exercises, sentences composition exercises, and conversation and discourse composition exercises.

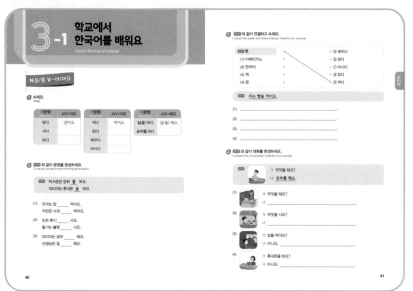

Practice composing conversations and discourse through conjugating the targeted grammar, changing and composing sentences, and using the provided images or pictures.

Self-Evaluation Test your degree of comprehension of the vocabulary, expressions, and grammar you learned in each chapter through various types of questions.

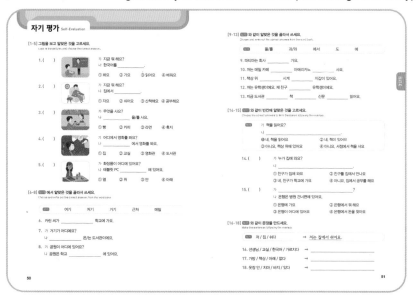

 Appendix Answers: Provides the best answers to grammar questions in the "Sub-Chapter 1," "Sub-Chapter 2," and "Step Up!" sections.

목차

music

CHAPTER

한글

1-1 한글 1

Hangeul 1

● 단어를 읽고 쓰세요.
Read and write the words.

2	이	이		
5	오	오		
	아이	아이		
	오이	오이		
A	에이	에이		

자음 1 Consonants 1

1 자음과 모음을 같이 써 보세요.
Write the consonants and vowels together.

	ㅏ	ㅓ	ㅗ	ㅜ	ㅡ	ㅣ	ㅐ	ㅔ
ㄱ	가							
ㄴ		너						
ㄷ			도					
ㄹ				루				
ㅁ					므			
ㅂ						비		
ㅅ							새	
ㅇ								에
ㅈ	자							

9

	구두	구두			
	고래	고래			
	그네	그네			
	나	나			
	노래	노래			
	누나	누나			
	노루	노루			
	다리	다리			
	도로	도로			
	라디오	라디오			

	모자	모자			
	매미	매미			
	바다	바다			
	베개	베개			
	사자	사자			
	수레	수레			
	아버지	아버지			
	우주	우주			
	자두	자두			
	주사기	주사기			

자음 2 Consonants 2

1 자음과 모음을 같이 써 보세요.
Write the consonants and vowels together.

	ㅏ	ㅓ	ㅗ	ㅜ	ㅡ	ㅣ	ㅐ	ㅔ
ㅊ	차				츠			
ㅋ		커				키		
ㅌ			토				태	
ㅍ				푸				페
ㅎ	하							

12

2 단어를 읽고 쓰세요.
Read and write the words.

	초	초			
	커피	커피			
	타조	타조			
	테니스	테니스			
	포도	포도			
	피아노	피아노			
	하마	하마			
	허리	허리			

1 자음과 모음을 같이 써 보세요.
Write the consonants and vowels together.

	ㅏ	ㅓ	ㅗ	ㅜ	ㅡ	ㅣ	ㅐ	ㅔ
ㄲ	까							
ㄸ		떠		뜨				
ㅃ			뽀		쁘			
ㅆ				쑤			쌔	
ㅉ								쩨

2 단어를 읽고 쓰세요.
Read and write the words.

	까치	까치			
	꼬리	꼬리			
	머리띠	머리띠			
	오빠	오빠			
	싸다	싸다			
	쓰레기	쓰레기			
	짜다	짜다			
	찌개	찌개			

모음 2 Vowels 2

1 자음과 모음을 같이 써 보세요.
Write the consonants and vowels together.

	ㅑ	ㅕ	ㅛ	ㅠ	ㅐ	ㅖ
ㄱ	갸					
ㄴ		녀				
ㄷ			됴			
ㄹ				류		
ㅁ					먜	
ㅂ						볘
ㅅ						
ㅇ						
ㅈ						
ㅊ						
ㅋ						
ㅌ						
ㅍ						
ㅎ	햐					

	ㅘ	ㅝ	ㅙ	ㅖ	ㅚ	ㅟ	ㅢ
ㄱ							
ㄴ							
ㄷ							
ㄹ							
ㅁ							
ㅂ							
ㅅ	솨						
ㅇ		워					
ㅈ			좨				
ㅊ				췌			
ㅋ					쾨		
ㅌ						튀	
ㅍ							픠
ㅎ	화						

	야구	야구			
	샤프	샤프			
	여우	여우			
	벼	벼			
	요리	요리			
	우표	우표			
	뉴스	뉴스			
	예시	예시			
	시계	시계			
	얘기	얘기			

	사과	사과			
	과자	과자			
	샤워	샤워			
	뭐예요	뭐예요			
	돼지	돼지			
	스웨터	스웨터			
	뇌	뇌			
	회사	회사			
	키위	키위			
	의사	의사			

받침 1 Final Consonants 1

● 단어를 읽고 쓰세요.
Read and write the words.

	눈	눈		
	돈	돈		
	문	문		
	산	산		
	언니	언니		
	일	일		
	달	달		
	말	말		

	별	별			
	가을	가을			
	감	감			
	금	금			
	담	담			
	봄	봄			
	김치	김치			
	강	강			
	방	방			
	종이	종이			
	공항	공항			
	냉장고	냉장고			

● 단어를 읽고 쓰세요.
Read and write the words.

	국	국			
	책	책			
	목	목			
	밖	밖			
	부엌	부엌			
	옷	옷			
	낮	낮			
	꽃	꽃			

	밑	밑			
	히읗	히읗			
	집	집			
	밥	밥			
	앞	앞			
	숲	숲			
	무릎	무릎			

CHAPTER

02

소개

2 -1 저는 첸이에요
I'm Chen

N이에요/예요

1 그림을 보고 보기 와 같이 문장을 완성하세요.
Look at the pictures and complete the sentences following the example.

> 보기
>
> 저는 엠마 <u>예요</u>.

(1)
저는 첸_____.

(2) 저는 레나_____.

(3)
저는 파티마_____.

(4)
저는 빈_____.

(5)
저는 김민아_____.

(6)
저는 박서준_____.

2 그림을 보고 와 같이 문장을 완성하세요.
Look at the pictures and complete the sentences following the example.

 저는 <u>선생님이에요</u>.

(1)

저는 _____.

(2)

저는 _____.

(3)

저는 _____.

(4)

저는 _____.

3 보기 와 같이 대화를 완성하세요.
Complete the conversations following the example.

보기 가 첸 씨, 중국 사람이에요?

나 네, 저는 <u>중국 사람이에요</u>.

(1) 가 빈 씨, 베트남 사람이에요?

나 네, 저는 _____.

(2) 가 박서준 씨, 한국 사람이에요?

나 네, 저는 _____.

(3) 가 카린 씨, 일본 사람이에요?

나 네, 저는 _____.

(4) 가 올가 씨, 러시아 사람이에요?

나 네, 저는 _____.

1 그림을 보고 보기 와 같이 문장을 완성하세요.
Look at the pictures and complete the sentences following the example.

보기

저 는 카린이에요.

(1)

저_____ 첸_____.

(2)

빈_____ 베트남 사람_____.

(3)

파티마_____ 회사원_____.

(4)

엠마_____ 요리사_____.

(5)

선생님_____ 한국 사람_____.

(6)

마크_____ 모델_____.

2 그림을 보고 보기 와 같이 문장을 만드세요.
Look at the pictures and complete the sentences following the example.

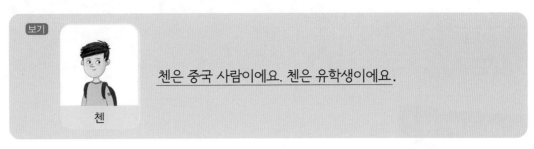

보기

첸은 중국 사람이에요. 첸은 유학생이에요.

첸

(1)

올가

_____ .

(2)

빈

_____ .

(3)

마크

_____ .

(4)

카린

_____ .

2-2 이것이 무엇이에요?
What is this?

이/그/저 N

1 그림을 보고 알맞은 것을 고르세요.
Look at the picture and choose the correct answers.

(1) (이것 / 그것 / 저것)은 물이에요.

(2) (이것 / 그것 / 저것)은 물이에요.

(3) (이것 / 그것 / 저것)은 물이에요.

2 그림을 보고 보기 와 같이 문장을 만드세요.
Look at the pictures and complete the sentences following the example.

보기

이것은 커피예요
<u>이 커피는 아메리카노예요</u> .

(1) 이것은 여권이에요.

_____ .

(2) 그것은 책이에요.

_____ .

(3) 저것은 주스예요.

_____ .

3 그림을 보고 보기 와 같이 문장을 만드세요.
Look at the pictures and complete the sentences following the example.

(1) 엠마
(2) 첸
(3) 마크
(4) 파티마
(5) 이지은
빈

> 이 사람은 빈이에요. 빈은 크리에이터예요.

(1) _____.

(2) _____.

(3) _____.

(4) _____.

(5) _____.

N이/가

1 보기 와 같이 문장을 완성하세요.
Complete the sentences following the example.

> 보기 이것_이_ 무엇이에요?

(1) 그것_____ 볼펜이에요?

(2) 저 주스_____ 오렌지 주스예요?

(3) 그 책_____ 한국어 책이에요?

(4) 이 여권_____ 미국 여권이에요?

2 보기 와 같이 대화를 완성하세요.
Complete the conversations following the example.

> 보기
> | 김민아 |
> | 한국 사람 |
>
> 가 __김민아가 한국 사람이에요__ ?
> 나 네, 한국 사람이에요.

(1)
| 엠마 |
| 미국 사람 |

가 _____?
나 네, 미국 사람이에요.

(2)
| 올가 |
| 주부 |

가 _____?
나 네, 주부예요.

(3)
| 파티마 |
| 어느 나라 사람 |

가 _____?
나 파티마는 이집트 사람이에요.

(4)
| 저 사람 |
| 누구 |

가 _____?
나 저 사람은 레나예요.

3 그림을 보고 보기 와 같이 대화를 완성하세요.
Look at the pictures and complete the conversations following the example.

보기

가 이것이 무엇이에요?

나 이것은 아메리카노예요.

(1)

가 _____?

나 이것은 _____.

(2)

가 _____?

나 저것은 _____.

(3)

가 _____?

나 네, 이 주스는 _____.

(4)

가 _____?

나 네, 저 꽃은 _____.

N의

1 그림을 보고 보기 와 같이 문장을 완성하세요.
Look at the pictures and complete the sentences following the example.

> 보기 / 첸   이것은 <u>첸의 지갑이에요.</u>

(1) / 카린   이것은 _____ .

(2) / 레나   저것은 _____ .

(3) / 빈   그것은 _____ .

(4) / 엠마   이것은 _____ .

2 보기 와 같이 문장을 만드세요.
Make the sentences following the example.

> 보기 이건 / 저 / 책   <u>이건 제 책이에요.</u>

(1) 이건 / 선생님 / 우산   _____ .

(2) 그건 / 저 / 여권   _____ .

(3) 마크 / 우리 / 반 친구   _____ .

N이/가 아니에요

1 보기 **와 같이 문장을 만드세요.**
Make the sentences following the example.

> 보기   회사원   회사원이 아니에요.

(1) 간호사 _____.

(2) 유학생 _____.

(3) 휴대폰 _____.

(4) 카페라테 _____.

2 그림을 보고 보기 **와 같이 대화를 완성하세요.**
Look at the pictures and complete the conversations following the example.

> 보기  그 커피가 카페라테예요?
> 아니요, 카페라테가 아니에요. 아메리카노예요.

(1) 이 주스가 오렌지 주스예요?

아니요, _____. 사과 주스예요.

(2) 이 연필이 빈의 연필이에요?

아니요, _____. 마크의 연필이에요.

(3) 첸이 베트남 사람이에요?

아니요, _____. 중국 사람이에요.

(4) 이 사람이 선생님이에요?

아니요, _____. 학생이에요.

자기 평가 Self-Evaluation

[1-5] 그림을 보고 알맞은 것을 고르세요.
Look at the pictures and choose the correct answers.

1. (   )
   가 어느 나라 사람이에요?
   나 _____ 사람이에요.

   ① 미국   ② 일본   ③ 베트남   ④ 러시아

2. (   )
   가 학생이에요?
   나 아니요, _____ 이에요/예요.

   ① 모델   ② 가수   ③ 간호사   ④ 회사원

3. (   )
   가 이것이 무엇이에요?
   나 이것은 _____ 이에요/예요.

   ① 책   ② 의자   ③ 공책   ④ 책상

4. (   )
   가 저것이 무엇이에요?
   나 저것은 _____ 이에요/예요.

   ① 볼펜   ② 필통   ③ 연필   ④ 지우개

5. (   )
   가 그게 뭐예요?
   나 이건 _____ 이에요/예요.

   ① 물   ② 우유   ③ 주스   ④ 커피

[6-8] 보기 에서 알맞은 것을 골라서 쓰세요.
Choose and write out the correct answers from the word bank.

보기	무엇	어느	누구	누가

6. 가 _____ 빈이에요?
   나 이 사람이 빈이에요.

7. 가 저 사람이 _____ 이에요/예요?
   나 저 사람은 엠마예요.

8. 가 마크가 _____ 나라 사람이에요?
   나 마크는 프랑스 사람이에요.

[9-11] 보기 와 같이 알맞은 것을 고르세요.
Choose the correct answers following the example.

> 보기   저건 여권이에요. 저 여권 (은) / 는 일본 여권이에요.

9. 제 직업 은 / 는 요리사예요.

10. 이름 이 / 가 뭐예요?

11. 제 친구는 크리에이터 이에요 / 예요 .

[12-13] 보기 와 같이 빈칸에 알맞은 것을 고르세요.
Choose the correct answers to fill in the blanks following the example.

> 보기   가 그것이 커피예요?
> 나 _____ .
>
> ❶ 네, 커피예요   ② 네, 커피가 아니에요
> ③ 아니요, 커피예요   ④ 아니요, 제 커피예요

12. (   )   가 이것이 가방이에요?
　　　　　　　　나 _____ .

　　　　① 네, 필통이에요   ② 네, 필통이 아니에요
　　　　③ 아니요, 가방이에요   ④ 아니요, 가방이 아니에요

13. (   )   가 저게 누구의 안경이에요?
　　　　　　　　나 _____ .

　　　　① 저건 안경이에요   ② 저건 빈의 안경이에요
　　　　③ 이건 안경이 아니에요   ④ 이건 제 화장품이에요

[14-16] 보기 와 같이 문장을 만드세요.
Make the sentences following the example.

> 보기   박서준 / 한국대학교 학생   →   박서준은 한국대학교 학생이에요.

14. 이 주스 / 오렌지 주스   →   _____

15. 저 사람 / 누구   →   _____

16. 그 사람 / 저 / 동생   →   _____

CHAPTER

03

장소

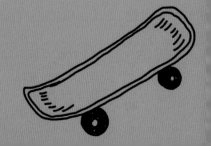

3-1 학교에서 한국어를 배워요

I learn Korean at school

N을/를 V-아/어요

1 쓰세요.
Write.

기본형 Base form	A/V-아요
닫다	닫아요
사다	
보다	

기본형 Base form	A/V-어요
먹다	먹어요
읽다	
배우다	
마시다	

기본형 Base form	A/V-해요
일(을) 하다	일(을) 해요
공부(를) 하다	

2 보기 와 같이 문장을 완성하세요.
Complete the sentences following the example.

> 보기 박서준은 영화 _를_ 봐요.
> 파티마는 휴대폰 _을_ 봐요.

(1) 마크는 밥 _____ 먹어요.
카린은 사과 _____ 먹어요.

(2) 빈은 휴지 _____ 사요.
올가는 볼펜 _____ 사요.

(3) 파티마는 공부 _____ 해요.
선생님은 일 _____ 해요.

3 알맞은 것을 연결하고 보기 와 같이 쓰세요.
Connect the words that match, then write sentences following the example.

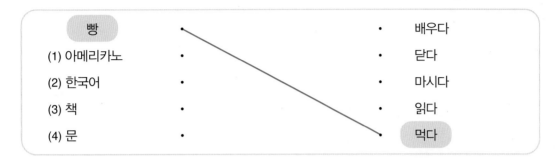

빵	• 배우다
(1) 아메리카노 •	• 닫다
(2) 한국어 •	• 마시다
(3) 책 •	• 읽다
(4) 문 •	먹다

보기 저는 빵을 먹어요.

(1) _____.

(2) _____.

(3) _____.

(4) _____.

4 보기 와 같이 대화를 완성하세요.
Complete the conversations following the example.

보기   가 무엇을 해요?
       나 공부를 해요.

(1) 가 무엇을 해요?
    나 _____.

(2) 가 무엇을 사요?
    나 _____.

(3) 가 밥을 먹어요?
    나 아니요, _____.

(4) 가 휴대폰을 봐요?
    나 아니요, _____.

N에서

1 그림을 보고 (보기) 와 같이 대화를 완성하세요.
Look at the pictures and complete the conversations following the example.

> (보기) 가 여기가 어디예요?
>
> 나 <u>여기는 도서관이에요.</u>

(1) 가 여기가 어디예요?

나 _____ .

(2) 가 저기가 어디예요?

나 _____ .

(3) 가 거기가 어디예요?

나 _____ .

2 알맞은 것을 연결하고 (보기) 와 같이 쓰세요.
Connect the words that match, then write sentences following the example.

학교		커피		하다
(1) 식당	•	책	•	읽다
(2) 도서관	•	공부	•	마시다
(3) 카페	•	밥	•	사다
(4) 편의점	•	휴지	•	먹다

> (보기) <u>학교에서 공부를 해요</u> .

(1) _____ .

(2) _____ .

(3) _____ .

(4) _____ .

3 그림을 보고 보기 와 같이 대화를 완성하세요.

Look at the pictures and complete the conversations following the example.

보기

가 교실에서 무엇을 해요?

나 <u>교실에서 한국어를 배워요</u>.

(1)

가 회사에서 무엇을 해요?

나 _____.

(2)

가 어디에서 영화를 봐요?

나 _____.

(3)

가 어디에서 주스를 사요?

나 _____.

(4)

가 집에서 밥을 먹어요?

나 아니요, _____.

(5)

가 집에서 책을 읽어요?

나 아니요, _____.

3-2 홍대에 가요
I'm going to Hongdae

N이/가 N에 있다/없다

1 보기 와 같이 문장을 만드세요.
Make the sentences following the example.

> 보기 저 / 한국 친구 / 있다 → <u>저는 한국 친구가 있어요.</u>

(1) 카린 / 동생 / 없다 → _____ .

(2) 서준 / 여권 / 있다 → _____ .

(3) 동생 / 휴대폰 / 없다 → _____ .

2 그림을 보고 보기 와 같이 문장을 만드세요.
Look at the pictures and make sentences following the example.

| 보기 | 커피 | 연필 | 가방 | 우산 | 학생 |

> 보기 <u>커피가 책상 위에 있어요.</u>

(1) _____ .

(2) _____ .

(3) _____ .

(4) _____ .

3 그림을 보고 보기 와 같이 대화를 완성하세요.
Look at the pictures and complete the conversations following the example.

보기 가 동생이 어디에 있어요?
나 <u>집에 있어요</u>.

(1)

가 선생님이 어디에 있어요?

나 _____.

(2)

가 파티마 씨가 어디에 있어요?

나 _____.

(3)

가 마크 씨가 어디에 있어요?

나 _____.

(4)

가 백화점 옆에 무엇이 있어요?

나 _____.

(5)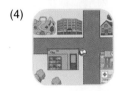

가 2층에 무엇이 있어요?

나 _____.

N에 가다/오다

1 보기 와 같이 문장을 완성하세요.
Complete the sentences following the example.

> 보기 첸 / 집 / 가다 → 첸이 집에 가요.

(1) 엠마 / 학교 / 오다 → _____ .

(2) 올가 / 카페 / 가다 → _____ .

(3) 빈 / 영화관 / 가다 → _____ .

(4) 친구 / 우리 집 / 오다 → _____ .

2 그림을 보고 '가요/와요'를 쓰세요.
Look at the pictures and write 가요 or 와요.

(1) 친구가 일본에 (   ).

(2) 친구가 한국에 (   ).

(3) 선생님이 교실에 (   ).

(4) 선생님이 사무실에 (   ).

3 알맞은 것을 연결하고 보기 와 같이 쓰세요.

Connect the words that match, then write sentences following the example.

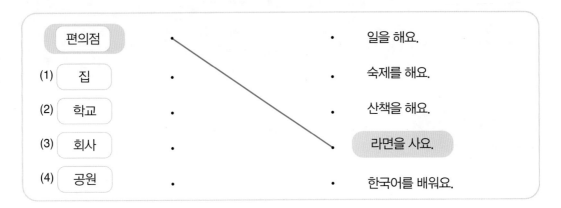

보기   편의점에 가요.   편의점에서 라면을 사요 .

(1) _____ .

(2) _____ .

(3) _____ .

(4) _____ .

4 그림을 보고 대화를 완성하세요.

Look at the pictures and complete the conversations.

(1) 가 첸 씨, 지금 어디에 가요?

나 _____ .

(2) 가 마크 씨가 지금 어디에 가요?

나 _____ .

(3) 가 빈 씨, 친구가 집에 와요?

나 네, _____ .

(4) 가 수진 씨가 지금 학교에 와요?

나 네, _____ .

⊇-3 한 단계 오르기
Step Up!

N 과/와

1 보기 와 같이 문장을 완성하세요.
Complete the sentences following the example.

> 보기　　책상 위에 볼펜 (과)/ 와 공책이 있어요.

(1) 교실에 시계 과 / 와 책상이 있어요.

(2) 홍대에서 첸 과 / 와 카린을 만나요.

(3) 카페에서 카페라테 과 / 와 아메리카노를 사요

(4) 저는 매일 도서관 과 / 와 카페에 가요.

2 보기 와 같이 대화를 완성하세요.
Complete the conversations following the example.

> 보기　　| 지갑 | 책 |
>
> 가 가방에 무엇이 있어요?
> 나 <u>지갑과 책이 있어요.</u>

(1) | 빈 | 첸 |

　　가 누가 영화를 봐요?
　　나 _____.

(2) | 빵 | 우유 |

　　가 편의점에서 무엇을 사요?
　　나 _____.

(3) | 카페 | 편의점 |

　　가 1층에 무엇이 있어요?
　　나 _____.

(4) | 마크 | 레나 |

　　가 올가 씨, 누구를 만나요?
　　나 _____.

N도

1 보기 와 같이 문장을 완성하세요.
Complete the sentences following the example.

보기 | 이것 / 저것 | 이것은 커피예요. <u>저것도 커피예요.</u>

(1) 여기 / 저기   여기는 교실이에요. _____.

(2) 카린 / 엠마   카린이 라면을 먹어요. _____.

(3) 책 / 가방   책이 책상 위에 있어요. _____.

(4) 저 / 제 친구   저는 자주 카페에 가요. _____.

2 보기 와 같이 대화를 완성하세요.
Complete the conversations following the example.

보기
가 편의점에서 무엇을 사요?
나 물을 사요. 그리고 <u>빵도 사요</u> . (빵)

(1) 가 오렌지를 좋아해요?
나 네, 오렌지를 좋아해요. 그리고 _____. (사과)

(2) 가 보통 친구를 어디에서 만나요?
나 홍대에서 만나요. 그리고 _____. (명동)

(3) 가 1급 교실이 어디에 있어요?
나 2층에 있어요. 그리고 _____. (3층)

(4) 가 매일 집에서 뭐 해요?
나 공부를 해요. 그리고 _____. (?)

자기 평가 Self-Evaluation

[1-5] 그림을 보고 알맞은 것을 고르세요.
Look at the pictures and choose the correct answers.

1. ( )

가 지금 뭐 해요?
나 한국어를 _____.

① 봐요   ② 가요   ③ 읽어요   ④ 배워요

2. ( )

가 지금 뭐 해요?
나 집에서 _____.

① 자요   ② 쉬어요   ③ 산책해요   ④ 공부해요

3. ( )

가 무엇을 사요?
나 _____을/를 사요.

① 빵   ② 커피   ③ 라면   ④ 휴지

4. ( )

가 어디에서 영화를 봐요?
나 _____에서 영화를 봐요.

① 집   ② 교실   ③ 영화관   ④ 도서관

5. ( )

가 화장품이 어디에 있어요?
나 태블릿 PC _____에 있어요.

① 옆   ② 위   ③ 안   ④ 아래

[6-8] 보기 에서 알맞은 것을 골라서 쓰세요.
Choose and write out the correct answers from the word bank.

보기	여기	저기	거기	근처	매일

6. 카린 씨가 _____ 학교에 가요.

7. 가 거기가 어디예요?
   나 _____은/는 도서관이에요.

8. 가 공원이 어디에 있어요?
   나 공원은 학교 _____에 있어요.

[9-13] 보기 **와 같이 알맞은 것을 골라서 쓰세요.**
Choose and write out the correct answers from the word bank.

보기   을/를   과/와   에서   도   에

9. 파티마는 회사 _____ 가요.

10. 저는 매일 카페 _____ 아메리카노 _____ 사요.

11. 책상 위 _____ 시계 _____ 지갑이 있어요.

12. 저는 유학생이에요. 제 친구 _____ 유학생이에요.

13. 지금 도서관 _____ 책 _____ 신문 _____ 읽어요.

[14-15] 보기 **와 같이 빈칸에 알맞은 것을 고르세요.**
Choose the correct answers to fill in the blanks following the example.

보기   가 책을 읽어요?

나 _____.

❶ 네, 책을 읽어요   ② 네, 책이 있어요

③ 아니요, 책상 위에 있어요   ④ 아니요, 서점에서 책을 사요

14. (   )   가 누가 집에 와요?

나 _____.

① 친구가 집에 와요   ② 친구를 집에서 만나요

③ 네, 친구가 학교에 가요   ④ 아니요, 집에서 공부를 해요

15. (   )   가 _____?

나 은행은 병원 건너편에 있어요.

① 은행에 가요   ② 은행에서 뭐 해요

③ 은행이 어디에 있어요   ④ 은행에서 돈을 찾아요

[16-18] 보기 **와 같이 문장을 만드세요.**
Make the sentences following the example.

보기   저 / 집 / 쉬다   → 저는 집에서 쉬어요.

16. 선생님 / 교실 / 한국어 / 가르치다   → _____

17. 가방 / 책상 / 아래 / 없다   → _____

18. 옷장 안 / 치마 / 바지 / 있다   → _____

CHAPTER

04

날짜

4-1 오늘이 며칠이에요?

What day is it today?

N월 N일이에요

1 보기 와 같이 문장을 완성하세요.

Complete the sentences following the example.

| 보기 | 1997 / 1 / 9 / 화 | <u>천구백구십칠</u> 년 <u>일</u> 월 <u>구</u> 일 <u>화</u> 요일이에요. |

(1) 2015 / 4 / 17 / 수   _____ 년 _____ 월 _____ 일 _____ 요일이에요.

(2) 2024 / 6 / 25 / 금   _____ 년 _____ 월 _____ 일 _____ 요일이에요.

(3) 2029 / 7 / 31 / 일   _____ 년 _____ 월 _____ 일 _____ 요일이에요.

(4) 2031 / 10 / 10 / 월   _____ 년 _____ 월 _____ 일 _____ 요일이에요.

2 알맞은 것을 연결하고 보기 와 같이 쓰세요.

Connect the words that match, then write sentences following the example.

오늘이 몇 월 며칠이에요? •

     • 내일   수요일

     : _____ .

(1) 오늘이 무슨 요일이에요? •

     • 파티   11월 25일

     : _____ .

(2) 내일이 며칠이에요? •

     • 오늘   화요일

     : _____ .

(3) 내일이 무슨 요일이에요? •

     • 내일   3월 10일

     : _____ .

(4) 파티가 언제예요? •

     • 오늘   3월 9일

     : <u>오늘은 삼월 구 일이에요.</u>

3 그림을 보고 보기 와 같이 대화를 완성하세요.
Look at the picture and complete the conversations following the example.

12월

일	월	화	수	목	금	토
10	11 오늘	12	13	14	15 파티	16
17	18	19	20 시험	21	22	23

보기
　가 오늘이 며칠이에요?

　나 <u>오늘은 십이월 십일 일이에요</u>.

(1)　가 내일이 몇 월 며칠이에요?

　　나 _____.

(2)　가 12월 19일이 무슨 요일이에요?

　　나 _____.

(3)　가 _____?

　　나 시험은 다음 주 수요일이에요.

(4)　가 _____?

　　나 파티는 이번 주 금요일이에요.

N에

1 보기 와 같이 문장을 완성하세요.
Complete the sentences following the example.

보기	7월 21일	<u>칠월 이십일 일에</u> 친구를 만나요.

(1) 　10월 15일　 ＿＿＿＿＿＿＿＿＿＿＿＿＿ 시험을 봐요.

(2) 　화요일　 ＿＿＿＿＿＿＿＿＿＿＿＿＿ 영화를 봐요.

(3) 　지금　 ＿＿＿＿＿＿＿＿＿＿＿＿＿ 밥을 먹어요.

(4) 　평일　 ＿＿＿＿＿＿＿＿＿＿＿＿＿ 학교에 가요.

(5) 　오늘　 ＿＿＿＿＿＿＿＿＿＿＿＿＿ 파티가 있어요.

2 보기 와 같이 <u>틀린</u> 것을 찾아 고치세요.
Find the <u>errors</u> and correct them following the example.

보기	<u>지금에</u> ①	<u>홍대에서</u> ②	<u>친구를</u> ③	만나요.

→ ① 지금

(1) <u>주말에</u> 　<u>식당에</u> 　<u>일을</u> 　해요.
　① 　② 　③

→

(2) <u>한국에서</u> 　<u>매일에</u> 　<u>한국어를</u> 　공부해요.
　① 　② 　③

→

(3) <u>무슨 요일</u> 　<u>카린 씨가</u> 　<u>우리 집에</u> 　와요?
　① 　② 　③

→

(4) <u>지금</u> 　<u>첸의 집과</u> 　<u>마크의 집에서</u> 　가요.
　① 　② 　③

→

3 그림을 보고 보기 와 같이 대화를 완성하세요.
Look at the pictures and complete the conversations following the example.

보기

평일

가 언제 학교에 와요?

나 평일에 학교에 와요.

(1) 6월 10일

가 언제 _____?

나 _____.

(2) 매일

가 언제 _____?

나 _____.

(3) 토요일

가 _____?

나 _____.

(4) 내일

가 _____?

나 _____.

(5) 주말

가 _____?

나 _____.

57

어제 홍대에서 친구를 만났어요

I met a friend in Hongdae yesterday

'으' 탈락

1 쓰세요.
Write.

기본형 Base form	A/V-아요
아프다	아파요
나쁘다	
바쁘다	
(배가) 고프다	

기본형 Base form	A/V-어요
예쁘다	
크다	
쓰다	
끄다	

2 보기 와 같이 문장을 만드세요.
Make the sentences following the example.

보기	배	아프다	배가 아파요.

(1) 제 친구 | 예쁘다 | _____ .

(2) 백화점 | 크다 | _____ .

(3) 배 | 고프다 | _____ .

(4) 기분 | 나쁘다 | _____ .

3 알맞은 것을 연결하고 보기 와 같이 쓰세요.

Connect the words that match, then write sentences following the example.

날씨가 나쁘다	꽃을 사다
(1) 머리가 아프다	약을 먹다
(2) 배가 고프다	집에 있다
(3) 꽃이 예쁘다	주말에 친구를 만나다
(4) 평일에 바쁘다	식당에 가다

보기   날씨가 나빠요. 그래서 집에 있어요 .

(1) _____ .

(2) _____ .

(3) _____ .

(4) _____ .

A/V-았/었어요

1 쓰세요.
Write.

기본형 Base form	A/V-았어요
작다	작았어요
좋다	
만나다	
보다	
바쁘다	

기본형 Base form	A/V-었어요
먹다	먹었어요
읽다	
배우다	
맛있다	
쓰다	

기본형 Base form	A/V-했어요
공부(를) 하다	공부(를) 했어요
산책(을) 하다	
숙제(를) 하다	
구경(을) 하다	
좋아하다	

기본형 Base form	N이었어요
회사원이다	

기본형 Base form	N였어요
요리사이다	

2 알맞은 것을 고르세요.
Choose the correct answers

(1) 보통 홍대입구역에서 친구를 (만나요 / 만났어요).

(2) 지난주에 한국에 (와요 / 왔어요).

(3) 어제 머리가 많이 (아파요 / 아팠어요).

(4) 지금 도서관에서 책을 (읽어요 / 읽었어요).

(5) 지난 주말에 날씨가 (좋아요 / 좋았어요).

3 보기 와 같이 대화를 완성하세요.
Complete the conversations following the example.

> 보기 가 어제 친구를 만났어요?
>
> 나 아니요, 집에서 <u>쉬었어요</u> . (쉬다)

(1) 가 주말에 집에 있었어요?

　　나 아니요, 카페에서 ＿＿＿＿＿＿＿＿＿＿＿＿＿＿＿＿ . (한국어를 공부하다)

(2) 가 어제 뭐 했어요?

　　나 공원에서 ＿＿＿＿＿＿＿＿＿＿＿＿＿＿ . (자전거를 타다)

(3) 가 토요일 저녁에 뭐 했어요?

　　나 친구 집에서 ＿＿＿＿＿＿＿＿＿＿＿＿＿＿ . (맥주를 마시다)

(4) 가 어제 홍대에서 공연을 봤어요? 어땠어요?

　　나 ＿＿＿＿＿＿＿＿＿＿＿＿＿＿＿ . (공연이 멋있다)

4 한국에서 무엇을 해요? 중국에서 무엇을 했어요? 다음을 보고 쓰세요.
What are you doing in Korea? What did you do in China? Look at the following and write.

지금
• 한국에 있다 • 유학생 • 주말에 친구를 만나다 • 보통 카페에 가다 • 한국에 카페가 많다

저는 지금 한국에 있어요.
유학생이에요.
＿＿＿＿＿＿＿＿＿＿＿＿＿＿＿＿＿
＿＿＿＿＿＿＿＿＿＿＿＿＿＿＿＿＿
＿＿＿＿＿＿＿＿＿＿＿＿＿＿＿＿＿

2022년
• 중국에 있다 • 회사원 • 평일에 바쁘다 • 주말에는 집에 있다 • 집에서 영화를 보다

저는 2022년에 중국에 있었어요.
＿＿＿＿＿＿＿＿＿＿＿＿＿＿＿＿＿
＿＿＿＿＿＿＿＿＿＿＿＿＿＿＿＿＿
＿＿＿＿＿＿＿＿＿＿＿＿＿＿＿＿＿
＿＿＿＿＿＿＿＿＿＿＿＿＿＿＿＿＿

4-3 한 단계 오르기
Step Up!

무슨 N

1 보기 와 같이 대화를 완성하세요.
Complete the conversations following the example.

> 보기   가 __무슨 요일__ 에 일을 해요?
>
> 나 월요일과 수요일에 일을 해요.

(1) 가 편의점에 _____이/가 있어요?

　　나 사과 주스와 오렌지 주스가 있어요.

(2) 가 마크 씨는 _____을/를 자주 마셔요?

　　나 저는 아메리카노를 자주 마셔요.

(3) 가 카린 씨는 _____을/를 좋아해요?

　　나 저는 장미를 좋아해요.

2 그림을 보고 보기 와 같이 대화를 완성하세요.
Look at the pictures and complete the conversations following the example.

> 보기
>
> | 오늘 |
> | 8월 20일 |
> | 화요일 |
>
> 가 오늘이 무슨 __요일__ 이에요/예요?
>
> 나 __오늘은 화요일이에요.__

(1) 가 무슨 _____을/를 샀어요?

　　나 _____.

(2) 가 어제 무슨 _____을/를 입었어요?

　　나 _____.

(3) 가 그게 무슨 _____이에요/예요?

　　나 _____.

N과/와 (같이)

1 그림을 보고 [보기] 와 같이 대화를 완성하세요.
Look at the pictures and complete the conversations following the example.

> [보기]
>
> 가 지금 혼자 라면을 먹어요?
>
> 나 <u>아니요, 친구와 같이 라면을 먹어요.</u>

(1)

가 보통 점심에 혼자 밥을 먹어요?

나 _____.

(2)

가 어제 혼자 맥주를 마셨어요?

나 _____.

(3)

가 지난 주말에 혼자 쇼핑을 했어요?

나 _____.

(4)

가 아침에 혼자 학교에 왔어요?

나 _____.

2 [보기] 와 같이 문장을 만드세요.
Make the sentences following the example.

> [보기] 저 / 빈 / 백화점에 가다 → <u>저는 빈과 같이 백화점에 가요.</u>

(1) 저 / 레나 / 약국에 가다 → _____.

(2) 엠마 / 친구 / 영화를 보다 → _____.

(3) 민아 / 서준 / 유학생들을 만나다 → _____.

자기 평가 Self-Evaluation

[1-4] 알맞은 것을 고르세요.
Choose the correct answers.

1. (　　　)　가 오늘도 학교에 가요?
　　　　　　나 아니요, 오늘은 쉬어요. ＿＿＿＿＿＿＿ 학교에 갔어요.

　　　　　　① 모레　　　② 어제　　　③ 내년에　　　④ 다음 달에

2. (　　　)　가 오늘이 수요일이에요?
　　　　　　나 아니요, 내일이 수요일이에요. 오늘은 ＿＿＿＿＿＿＿ 이에요.

　　　　　　① 금요일　　　② 토요일　　　③ 월요일　　　④ 화요일

3. (　　　)　가 학교 도서관이 어때요?
　　　　　　나 정말 ＿＿＿＿＿＿＿.

　　　　　　① 친절해요　　　② 피곤해요　　　③ 조용해요　　　④ 맛없어요

4. (　　　)　가 댄스 수업이 어때요?
　　　　　　나 아주 ＿＿＿＿＿＿＿.

　　　　　　① 예뻐요　　　② 작아요　　　③ 똑똑해요　　　④ 재미있어요

[5-8] 보기 에서 알맞은 것을 골라서 쓰세요.
Choose and write out the correct answers from the word bank.

보기	무엇	언제	누구	무슨

5. 가 생일이 ＿＿＿＿＿＿＿이에요/예요?
　 나 제 생일은 4월 11일이에요.

6. 가 레나 씨, ＿＿＿＿＿＿＿ 과일을 좋아해요?
　 나 저는 딸기를 좋아해요.

7. 가 주말에 ＿＿＿＿＿＿＿을/를 했어요?
　 나 강남에서 첸 씨를 만났어요.

8. 가 보통 ＿＿＿＿＿＿＿과/와 같이 노래방에 가요?
　 나 저는 보통 엠마 씨하고 노래방에 가요.

[9-12] 보기 에서 알맞은 것을 골라서 쓰세요.
Choose the correct answers from the word bank and write.

| 보기 | 끄다 | 바쁘다 | 예쁘다 | 고프다 |

9. 저는 지금 식당에 가요. 배가 _____.

10. 보통 영화관에서 휴대폰을 _____.

11. 이 옷이 _____. 그래서 이 옷을 사요.

12. 파티마 씨는 매일 일을 해요. 아주 _____.

[13-14] 보기 와 같이 빈칸에 알맞은 것을 고르세요.
Choose the correct answers to fill in the blanks following the example.

> 보기 가 책을 읽어요?
>
> 나 _____.
>
> ❶ 네, 책을 읽어요 　　　　　② 네, 책이 있어요
>
> ③ 아니요, 책상 위에 있어요 　　④ 아니요, 서점에서 책을 사요

13. (　　)　가 언제 가족을 만났어요?

나 _____.

① 방학에 만났어요 　　　　② 고향에서 만났어요

③ 네, 가족을 만났어요 　　　④ 아니요, 친구를 만났어요

14. (　　)　가 시험이 며칠이에요?

나 _____.

① 금요일이에요 　　　　　② 그저께 갔어요

③ 10월 27일이에요 　　　　④ 교실에서 시험을 봐요

[15-18] 보기 와 같이 문장을 만드세요.
Make the sentences following the example.

> 보기 저 / 집 / 쉬다 　　→　 저는 집에서 쉬어요.

15. 민아 / 지금 / 편지 / 쓰다　　→ _____

16. 레나 / 어제 / 배 / 아프다　　→ _____

17. 카린 / 평일 / 한국어 수업 / 있다　→ _____

18. 파티마 / 지난주 / 케이크 / 만들다　→ _____

music

C H A P T E R

05

일상

5-1 지금 몇 시예요?

What time is it now?

N부터 N까지

1 보기 와 같이 문장을 만드세요.

Make the sentences following the example.

07:00	09:00	01:15	02:20
보기 일곱 시예요.	(1) _____	(2) _____	(3) _____
03:30	04:45	05:55	08:38
(4) _____	(5) _____	(6) _____	(7) _____

2 보기 와 같이 문장을 완성하세요.

Complete the sentences following the example.

보기 **03:00** <u>세 시에</u> 도서관에 갔어요.

(1) **09:10** _____ 시험을 봐요.

(2) **08:15** _____ 산책을 해요.

(3) **02:25** _____ 백화점에 가요.

(4) **11:50** _____ 잠을 잤어요.

(5) **05:30** _____ 청소를 했어요.

3 보기 와 같이 문장을 만드세요.
Make the sentences following the example.

> 보기   07:00 ~ 08:00 / 운동을 하다   →   일곱 시부터 여덟 시까지 운동을 해요.

(1)   09:00 ~ 09:30 / 책을 읽다   →   _____.

(2)   월요일 ~ 금요일 / 일을 하다   →   _____.

(3)   5월 3일 ~ / 학원에 가다   →   _____.

(4)   ~ 11:00 / 휴대폰을 보다   →   _____.

4 보기 와 같이 대화를 완성하세요.
Complete the conversations following the example.

> 보기   목요일 ~ 토요일
>
> 가 언제 공연이 있어요?
> 나 목요일부터 토요일까지 공연이 있어요.

(1)   03:00 ~ 05:00

가 몇 시부터 몇 시까지 게임을 해요?
나 _____.

(2)   10월 23일 ~ 10월 25일

가 언제 여행을 해요?
나 _____.

(3)   지난달 ~

가 언제부터 한국어를 배웠어요?
나 _____.

(4)   월요일 ~ 금요일

가 매일 학교에 가요?
나 아니요, _____.

A/V-고

1 쓰세요.
Write.

	기본형 Base form	A/V-고
먹어요	먹다	먹고
맛있어요		
싸요		
봐요		
예뻐요		

기본형 Base form	N이고
학생이다	

기본형 Base form	N고
주스이다	

2 보기 와 같이 문장을 완성하세요.
Complete the sentences following the example.

| 보기 | 크다 / 깨끗하다 | 이 방은 <u>크고 깨끗해요</u>. |

(1) 작다 / 비싸다   이 휴대폰은 _____.

(2) 친절하다 / 멋있다   우리 선생님은 _____.

(3) 깨끗하다 / 조용하다   도서관은 _____.

(4) 일본 사람이다 / 간호사이다   카린은 _____.

3 와 같이 대화를 완성하세요.
Complete the conversations following the example.

보기
10:00 – 청소
12:30 – 점심 (첸과 같이)
03:00 – 댄스 학원
17:30 – 저녁
18:30 – 숙제
20:00 – 동생과 산책

가 청소를 하고 뭐 했어요?

나 청소를 하고 첸과 같이 점심을 먹었어요.

(1) 가 점심을 먹고 뭐 했어요?

나 _____.

(2) 가 댄스 수업이 끝나고 뭐 했어요?

나 _____.

(3) 가 저녁을 먹고 뭐 했어요?

나 _____.

(4) 가 숙제를 하고 뭐 했어요?

나 _____.

4 보기 와 같이 문장을 만드세요.
Make the sentences following the example.

보기   첸은 한국어 공부를 해요. 그리고 민아는 영어 공부를 해요.

→ 첸은 한국어 공부를 하고 민아는 영어 공부를 해요.

(1) 엠마는 휴대폰을 봐요. 그리고 마크는 책을 읽어요.

→ _____.

(2) 올가는 커피를 마셔요. 그리고 빈은 영화를 봐요.

→ _____.

(3) 파티마는 잠을 자요. 그리고 서준은 운동을 해요.

→ _____.

(4) 카린은 노래를 해요. 그리고 레나는 춤을 춰요.

→ _____.

5단원

5-2 이번 주말에 청소할 거예요

I'll clean up this weekend

V-(으)ㄹ 거예요

1 쓰세요.
Write.

	기본형 Base form	V-을 거예요		기본형 Base form	V-ㄹ 거예요
먹어요	먹다	먹을 거예요	사요	사다	살 거예요
읽어요			봐요		
찍어요			써요		
씻어요			청소(를) 해요		
입어요			아르바이트(를) 해요		

2 그림을 보고 보기 와 같이 대화를 완성하세요.
Look at the pictures and complete the conversations following the example.

가 내일 뭐 할 거예요?

나 친구를 <u>만날 거예요</u>.

(1)

가 저녁에 무엇을 먹을 거예요?

나 저녁에 _____.

(2)

가 이번 방학에 뭐 할 거예요?

나 부산에서 _____.

(3)

가 주말에 집에 있을 거예요?

나 아니요, _____.

(4)

가 오후에 도서관에 갈 거예요?

나 네, 도서관에서 _____.

3 알맞은 것을 고르세요.
Choose the correct answers

(1) 보통 3시부터 4시까지 운동을 (해요 / 할 거예요).

(2) 내일 친구와 같이 사진을 (찍었어요 / 찍을 거예요).

(3) 이번 주말에 마트에서 장을 (봐요 / 볼 거예요).

(4) 다음 주 금요일에 백화점에서 쇼핑을 (해요 / 할 거예요).

4 보기 와 같이 문장을 만드세요.
Make the sentences following the example

	지난 주말	이번 주말
보기	집에서 쉬다	명동에 가다
(1)	낮잠을 자다	공연을 보다
(2)	머리를 하다	책을 읽다
(3)	공연을 보다	친구를 만나다

보기 저는 지난 주말에 집에서 쉬었어요. 이번 주말에는 명동에 갈 거예요.

(1) _____.

(2) _____.

(3) _____.

1 쓰세요.
Write.

기본형 Base form	A/V–아/어요	A/V–았/었어요	V–(으)ㄹ 거예요	A/V–고
듣다	들어요			
묻다				
걷다				
닫다				
받다				

2 보기 와 같이 문장을 만드세요.
Make the sentences following the example.

보기	한국 노래	듣다	한국 노래를 들어요.

(1)

한국어 수업	듣다	_____ 아/어요.

(2)

공원	걷다	_____ 아/어요.

(3)

선물	받다	_____ 았/었어요.

(4)

창문	닫다	_____ (으)ㄹ 거예요.

3 보기 와 같이 문장을 완성하세요.
Complete the sentences following the example.

> 보기 저녁을 먹고 친구하고 공원에서 <u>걸었어요</u>.

| 걷다 | 듣다 | 닫다 | 받다 |

(1) 요즘 창문을 _____ 고 잠을 자요.

(2) 저는 한국 노래를 좋아해요. 그래서 매일 _____ 아/어요.

(3) 저는 작년 생일에 선물을 _____ 았/었어요.

(4) 어제 세 시까지 학원 수업을 _____ 았/었어요.

(5) 다음 주에는 친구와 같이 한강 공원에서 _____ (으)ㄹ 거예요.

N 전에, N 후에

1 보기 와 같이 대화를 완성하세요.
Complete the conversations following the example.

보기	수업 ➡ 점심

가 보통 언제 점심을 먹어요?

나 <u>수업 후에 점심을 먹어요</u>.

(1) 화장 ➡ 외출

가 보통 언제 화장을 해요?

나 _____.

(2) 시험 ➡ 쇼핑

가 언제 쇼핑을 할 거예요?

나 _____.

(3) 식사 ➡ 산책

가 언제 산책을 할 거예요?

나 _____.

2 보기 와 같이 대화를 완성하세요.
Complete the conversations following the example.

보기	운동	지금
	1:00	3:00

가 언제 운동을 했어요?

나 <u>2시간 전에 운동을 했어요</u>.

(1)

낮잠	지금
2:30	5:00

가 언제 낮잠을 잤어요?

나 _____.

(2)

오늘	여행
10월 2일	11월 2일

가 언제 여행을 할 거예요?

나 _____.

(3)

친구	오늘
7월 3일	7월 13일

가 언제 고향 친구를 만났어요?

나 _____.

(4)

오늘	시험
3월 20일	3월 23일

가 언제 시험이 있어요?

나 _____.

N(으)로①

1 보기 와 같이 대화를 완성하세요.
Complete the conversations following the example.

> 보기 가 텔레비전으로 드라마를 봐요?
>
> 나 아니요, <u>컴퓨터로 봐요</u>.

컴퓨터	연필	젓가락	휴대폰	한국어

(1) 가 포크로 라면을 먹어요?

　　 나 아니요, ＿＿＿＿＿＿＿＿＿＿＿＿＿＿.

(2) 가 반 친구와 영어로 이야기해요?

　　 나 아니요, ＿＿＿＿＿＿＿＿＿＿＿＿＿＿.

(3) 가 볼펜으로 이름을 썼어요?

　　 나 아니요, ＿＿＿＿＿＿＿＿＿＿＿＿＿＿.

(4) 가 컴퓨터로 음악을 들을 거예요?

　　 나 아니요, ＿＿＿＿＿＿＿＿＿＿＿＿＿＿.

2 보기 와 같이 문장을 만드세요.
Make the sentences following the example.

> 보기 저 / 포크 / 케이크를 먹다 　→ <u>저는 포크로 케이크를 먹어요</u>.

(1) 빈 / 태블릿 PC / 그림을 그리다 　→ ＿＿＿＿＿＿＿＿＿＿＿＿.

(2) 저 / 휴대폰 / SNS를 하다 　→ ＿＿＿＿＿＿＿＿＿＿＿＿.

(3) 우리 / 한국어 / 노래를 하다 　→ ＿＿＿＿＿＿＿＿＿＿＿＿.

(4) 엠마 / 바나나와 딸기 / 케이크를 만들다 　→ ＿＿＿＿＿＿＿＿＿＿＿＿.

자기 평가 Self-Evaluation

[1-5] 그림을 보고 알맞은 것을 고르세요.
Look at the pictures and choose the correct answers.

1. (   )

가 지금 몇 시예요?
나 _____ 시예요.

① 한   ② 일   ③ 열한   ④ 십일

2. (   )

가 언제 청소가 끝났어요?
나 세 시 삼십 _____ 에 청소가 끝났어요.

① 시   ② 분   ③ 반   ④ 시간

3. (   )

가 몇 시에 일어났어요?
나 오늘 _____ 8시에 일어났어요.

① 밤   ② 낮   ③ 아침   ④ 저녁

4. (   )

가 어제 뭐 했어요?
나 공원에서 _____ 을/를 했어요.

① 운동   ② 청소   ③ 산책   ④ 여행

5. (   )

가 무엇으로 인터넷을 해요?
나 _____ (으)로 인터넷을 해요.

① 휴대폰   ② 컴퓨터   ③ 태블릿 PC   ④ 텔레비전

[6-9] 보기 에서 알맞은 것을 골라서 쓰세요.
Choose and write out the correct answers from the word bank.

보기	부터	까지	동안	전에	후에

6. 시험 _____ 단어를 외웠어요.

7. 한 시에 수업이 끝나요. 수업 _____ 점심을 먹어요.

8. 어제 세 시간 _____ 낮잠을 잤어요.

9. 매일 여섯 시 _____ 아홉 시 _____ 아르바이트를 해요.

5 단원

[10-13] 보기 에서 알맞은 것을 골라서 쓰세요.

Choose and write out the correct answers from the word bank.

보기	듣다	닫다	받다	걷다

10. 저는 매일 한국 음악을 _____ 아/어요.

11. 생일에 장미를 _____ 았/었어요.

12. 창문을 _____ 고 낮잠을 자요.

13. 매일 30분 동안 공원에서 _____ (으)ㄹ 거예요.

[14-15] 보기 와 같이 빈칸에 알맞은 것을 고르세요.

Choose the correct answers to fill in the blanks following the example.

> 보기 가 책을 읽어요?
>
> 나 _____.
>
> ❶ 네, 책을 읽어요 　　　　　　　② 네, 책이 있어요
>
> ③ 아니요, 책상 위에 있어요 　　④ 아니요, 서점에서 책을 사요

14. (　　)　　가 이번 주말에 뭐 할 거예요?

　　　　　　　나 _____.

　　　　　　　① 쉴 거예요 　　　　　　　② 쉬었어요

　　　　　　　③ 네, 쉴 거예요 　　　　　④ 아니요, 쉬었어요

15. (　　)　　가 보통 아침 식사를 하고 뭐 해요?

　　　　　　　나 _____.

　　　　　　　① 수업 후에 아침을 먹어요 　　② 보통 아침부터 식사를 해요

　　　　　　　③ 아침을 먹고 수업을 들어요 　　④ 운동을 하고 아침을 먹어요

[16-18] 다음 문법을 사용해서 문장을 만드세요.

Make the sentences using the following grammar.

V-고	N(으)로	N부터 N까지

16. 저 / 휴대폰 / 사진 / 찍다　　➡　_____

17. 레나 / 오후 / 2시 / 4시 / 머리를 하다　➡　_____

18. 카린 / 텔레비전 / 보다 / 마크 / 음악 / 듣다　➡　_____

CHAPTER

06

쇼핑

6 -1 이 가방이 얼마예요?

How much is this bag?

N이/가 얼마예요?

1 그림을 보고 보기 와 같이 쓰세요.
Look at the pictures and write following the example.

보기
주스는 __천이백__ 원이에요.
₩1,200

| ₩690 | ₩4,300 | ₩35,200 | ₩2,087,000 |

(1) 샤프는 _____ 원이에요.

(2) 커피는 _____ 원이에요.

(3) 가방은 _____ 원이에요.

(4) 컴퓨터는 _____ 원이에요.

2 보기 와 같이 대화를 완성하세요.
Complete the conversations following the example.

보기 가 점심에 뭘 먹었어요?
나 빵 2 __개__ 를 먹었어요.

개	권	병	명	켤레

(1) 가 교실에 사람이 몇 _____ 이/가 있어요?

　　나 10 _____ 이/가 있어요.

(2) 가 내일 백화점에서 뭘 살 거예요?

　　나 양말 2 _____ 을/를 살 거예요.

(3) 가 가방 안에 무엇이 있어요?

　　나 물 1 _____ 하고 책 3 _____ 이/가 있어요.

(4) 가 라면이 얼마예요?

　　나 라면은 1 _____ 에 1,000원이에요.

3 그림을 보고 보기 와 같이 대화를 완성하세요.
Look at the pictures and complete the conversations following the example.

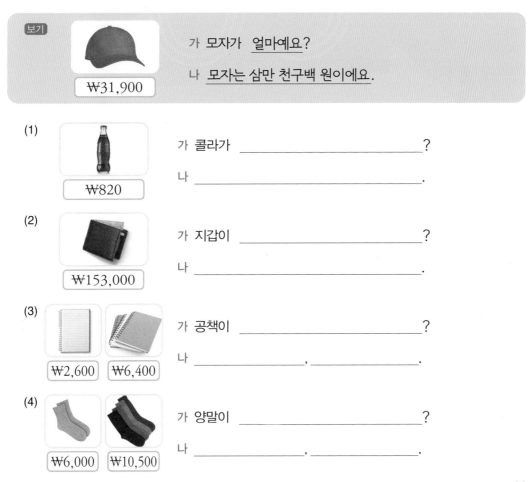

보기

₩31,900

가 모자가 얼마예요?

나 모자는 삼만 천구백 원이에요.

(1)　₩820

　　가 콜라가 _____ ?

　　나 _____ .

(2)　₩153,000

　　가 지갑이 _____ ?

　　나 _____ .

(3)　₩2,600　₩6,400

　　가 공책이 _____ ?

　　나 _____ , _____ .

(4)　₩6,000　₩10,500

　　가 양말이 _____ ?

　　나 _____ , _____ .

V-(으)세요, V-지 마세요

1 쓰세요.
Write.

	기본형 Base form	V-(으)세요	V-지 마세요
읽어요	읽다	읽으세요	읽지 마세요
입어요			
들어요			
가요			
봐요			
해요			
꺼요			

먹어요			
마셔요			
잠을 자요			

2 보기 와 같이 문장을 완성하세요.
Complete the sentences following the example.

> 보기   내일 시험이 있어요. <u>공부하세요</u>.

공부하다	씻다	걷다	먹다	기다리다	이야기하다

(1)   교실에서 한국어로 _____.

(2)   식사 전에 손을 _____.

(3)   수업 후에 교실에서 저를 _____.

(4)   밥을 먹고 이 약을 _____.

(5)   매일 30분 동안 _____.

3 그림을 보고 [보기] 와 같이 문장을 만드세요.
Look at the pictures and make the sentences following the example.

[보기]   담배를 피우지 마세요.

(1) _____.

(2) _____.

(3) _____.

(4) _____.

4 [보기] 와 같이 알맞은 것을 고르세요.
Choose the correct answers following the example.

[보기] 날씨가 좋아요. 한강에서 (산책하세요 / 산책하지 마세요).

(1) 이 영화가 재미있어요. 이 영화를 (보세요 / 보지 마세요).

(2) 밤 10시예요. 커피를 (드세요 / 마시지 마세요).

(3) 경복궁이 유명해요. 고향 친구와 경복궁에 (가세요 / 가지 마세요).

(4) 수업 시간에 (주무세요 / 자지 마세요).

V-고 싶다

1 쓰세요.
Write.

	기본형 Base form	V-고 싶다
먹어요	먹다	먹고 싶어요
받아요		
걸어요		
가요		
봐요		
써요		
공부(를) 해요		
운동(을) 해요		

2 보기 와 같이 문장을 완성하세요.
Complete the sentences following the example.

> 보기 배가 고파요. 그래서 <u>빵을 먹고 싶어요</u>.(빵 / 먹다)

(1) 가방이 없어요. 그래서 _____.(가방 / 사다)

(2) 피곤해요. 그래서 _____.(잠 / 자다)

(3) 날씨가 좋아요. 그래서 _____.(자전거 / 타다)

(4) 돈이 없어요. 그래서 _____.(아르바이트 / 하다)

3 그림을 보고 와 같이 대화를 완성하세요.

Look at the pictures and complete the conversations following the example.

가 내일 뭐 하고 싶어요?

나 <u>카페에 가고 싶어요</u>.

(1)

가 오늘 저녁에 뭐 하고 싶어요?

나 _____.

(2)

가 한강에서 뭐 하고 싶어요?

나 _____.

(3)

가 이번 주말에 뭐 하고 싶어요?

나 _____.

(4)

가 마트에서 뭘 사고 싶어요?

나 _____.

(5)

가 올해 생일에 무슨 선물을 받고 싶어요?

나 _____.

안 A/V A/V-지 않다

1 쓰세요.
Write.

	기본형 Base form	안 A/V	A/V-지 않다
읽어요	읽다	안 읽어요	읽지 않아요
먹어요			
작아요			
들어요			
싸요			
마셔요			
예뻐요			
조용해요			
공부(를) 해요			

2 보기 와 같이 문장을 완성하세요.
Complete the sentences following the example.

> 보기 엠마는 커피를 <u>마셔요</u>.
>
> 마크는 <u>커피를 안 마셔요</u>.

마시다	자다	청소하다	듣다	사다

(1) 엠마는 잠을 _____.

　　마크는 _____.

(2) 엠마는 옷을 _____.

　　마크는 _____.

(3) 엠마는 음악을 _____.

　　마크는 _____.

(4) 엠마는 방을 _____.

　　마크는 _____.

3 보기 와 같이 대화를 완성하세요.
Complete the conversations following the example.

> 보기 가 아침을 먹었어요?
>
> 나 아니요, 아침을 안 먹었어요. / 먹지 않았어요.

(1) 가 요즘 바빠요?

 나 아니요, _____. / _____.

(2) 가 한국 친구가 많아요?

 나 아니요, _____. / _____.

(3) 가 어제도 친구를 만났어요?

 나 아니요, _____. / _____.

(4) 가 주말에 쇼핑하고 싶어요?

 나 아니요, _____. / _____.

4 대화를 완성하세요.
Complete the conversations.

(1) 가 지금 커피를 마시고 싶어요?

 나 아니요, _____.

(2) 가 그 음식이 맛있어요?

 나 아니요, _____.

(3) 가 지난 방학에 고향에 갔어요?

 나 아니요, _____.

(4) 가 내일도 친구하고 같이 운동을 할 거예요?

 나 아니요, _____.

6-3 한 단계 오르기
Step Up!

V-고 싶어 하다

1 보기 와 같이 알맞은 것을 고르세요.
Choose the correct answers following the example.

> 보기   레나는 음악을 (듣고 싶어요 / (듣고 싶어 해요)).

(1)   저는 (쉬고 싶어요 / 쉬고 싶어 해요).

(2)   카린은 춤을 (추고 싶어요 / 추고 싶어 해요).

(3)   저는 한복을 (입고 싶어요 / 입고 싶어 해요).

(4)   마크는 창문을 (열고 싶어요 / 열고 싶어 해요).

2 보기 와 같이 문장을 완성하세요
Complete the sentences following the example.

> 보기   저는 공원에서 산책을 <u>하고 싶어요</u>.
>
> 빈은 공원에서 운동을 <u>하고 싶어 해요</u>.

(1)   저는 백화점에서 가방을 _____.

엠마는 백화점에서 옷을 _____.

(2)   저는 카페에서 커피를 _____.

파티마는 카페에서 주스를 _____.

(3)   저는 집에서 텔레비전을 _____.

제 남자친구는 영화관에서 영화를 _____.

(4)   저는 방학에 제주도에 _____.

제 친구는 방학에 부산에 _____.

N만

1 그림을 보고 보기 와 같이 문장을 완성하세요.
Look at the pictures and complete the sentences following the example.

보기  지금 여자는 드라마를 안 봐요. <u>남자만 드라마를 봐요</u>.

(1)  저는 아침에 밥을 안 먹어요. _____.

(2)  우리 집에는 영어 책이 없어요. _____.

(3)  어제 도서관에서 책을 안 읽었어요. _____.

2 보기 와 같이 대화를 완성하세요.
Complete the conversations following the example.

보기 가 볼펜도 있어요?

나 아니요, 볼펜은 없어요. <u>연필만 있어요</u>. (연필)

(1) 가 신발도 샀어요?

나 아니요, 신발은 안 샀어요. _____. (바지)

(2) 가 냉면도 먹었어요?

나 아니요, 냉면은 안 먹었어요. _____ (삼겹살)

(3) 가 평일에도 여자친구를 만나요?

나 아니요, 평일에는 안 만나요. _____. (주말)

(4) 가 이 케이크를 편의점에서도 팔아요?

나 아니요, 편의점에서는 안 팔아요. _____. (백화점)

자기 평가 Self-Evaluation

[1] 보기 에서 알맞은 것을 골라서 쓰세요.
Choose and write out the correct answers from the word bank.

보기	사과	샤프	영화표	비빔밥
	냉면	바지	불고기	강아지
	공책	티셔츠	케이크	된장찌개

(1) ◻ 개 (2) ◻ 권 (3) ◻ 벌 (4) ◻ 장

(5) ◻ 그릇 (6) ◻ 마리 (7) ◻ 인분 (8) ◻ 조각

[2-3] 그림을 보고 알맞은 것을 고르세요.
Look at the pictures and choose the correct answers.

2.

₩2,907,000

가 이 텔레비전이 얼마예요?

나 (이백구십만 칠천 / 이백구십칠만) 원이에요.

3.

32

가 파티마 씨, 몇 살이에요?

나 저는 올해 (마흔두 / 서른두) 살이에요.

[4-7] 보기 에서 알맞은 것을 골라서 쓰세요.
Choose and write out the correct answers from the word bank.

보기	또	별로	특히	잠깐만

4. 올가는 한국 드라마를 많이 봐요. 하지만 한국 영화는 _____ 안 봐요.

5. 지난주에 친구들과 부산 여행을 했어요. 아주 좋았어요. 다음에 _____ 가고 싶어요.

6. 저는 과일을 좋아해요. _____ 딸기를 아주 좋아해요.

7. 가 아메리카노 두 잔하고 치즈 케이크 하나 주세요.

　　나 네, _____ 기다리세요.

[8-10] 보기 와 같이 빈칸에 알맞은 것을 고르세요.
Choose the correct answers to fill in the blanks following the example.

> 보기　가 책을 읽어요?
>
> 　　나 _____.
>
> ❶ 네, 책을 읽어요　　　　　　② 네, 책이 있어요
>
> ③ 아니요, 책상 위에 있어요　　④ 아니요, 서점에서 책을 사요

8. (　　)　가 오늘 아침에 커피를 마셨어요?

　　　　　나 아니요, 오늘 아침에 _____.

　　　　　① 안 마셨어요　　　　　② 마실 거예요

　　　　　③ 마시지 마세요　　　　④ 마시지 않아요

9. (　　)　가 오늘 너무 피곤해요.

　　　　　나 그럼 일찍 _____.

　　　　　① 드세요　　　　　　② 계세요

　　　　　③ 자세요　　　　　　④ 주무세요

10. (　　)　가 주말에도 아르바이트를 해요?

　　　　　나 아니요, _____.

　　　　　① 평일에도 해요　　　　② 평일에만 해요

　　　　　③ 주말에도 해요　　　　④ 주말에만 해요

[11-12] 다음 문법을 사용해서 문장을 만드세요.
Make the sentences using the following grammar.

> V-고 싶다　　　　　　　　　　　　　　V-고 싶어 하다

11. 저 / 식당 / 김밥 / 주문하다 　　➜　_____

12. 올가 / 순두부찌개 / 안 먹다 　　➜　_____

부록 Appendix

CHAPTER 2
소개 Introduction

2-1 저는 첸이에요 I'm Chen

N이에요/예요

1. (1) 이에요   (2) 예요
   (3) 예요   (4) 이에요
   (5) 예요   (6) 이에요

2. (1) 요리사예요.   (2) 회사원이에요.
   (3) 디자이너예요.   (4) 모델이에요.

3. (1) 베트남 사람이에요.
   (2) 한국 사람이에요.
   (3) 일본 사람이에요.
   (4) 러시아 사람이에요.

N은/는

1. (1) 는, 이에요   (2) 은, 이에요
   (3) 는, 이에요   (4) 는, 예요
   (5) 은, 이에요   (6) 는, 이에요

2. (1) 올가는 러시아 사람이에요. 올가는 디자이너예요.
   (2) 빈은 베트남 사람이에요. 빈은 크리에이터예요.
   (3) 마크는 프랑스 사람이에요. 마크는 모델이에요.
   (4) 카린은 일본 사람이에요. 카린은 간호사예요.

2-2 이것이 무엇이에요? What is this?

이/그/저 N

1. (1) 이것   (2) 그것
   (3) 저것

2. (1) 이 여권은 한국 여권이에요.
   (2) 그 책은 한국어 책이에요.
   (3) 저 주스는 오렌지 주스예요.

3. (1) 이 사람은 엠마예요. 엠마는 요리사예요.
   (2) 이 사람은 첸이에요. 첸은 유학생이에요.
   (3) 이 사람은 마크예요. 마크는 모델이에요.
   (4) 이 사람은 파티마예요. 파티마는 회사원이에요.
   (5) 이 사람은 이지은이에요. 이지은은 선생님이에요.

N이/가

1. (1) 이   (2) 가
   (3) 이   (4) 이

2. (1) 엠마가 미국 사람이에요?
   (2) 올가가 주부예요?
   (3) 파티마가 어느 나라 사람이에요?
   (4) 저 사람이 누구예요?

3. (1) 그것이 무엇이에요? / 태블릿 PC예요.
   (2) 저것이 무엇이에요? / 의자예요.
   (3) 이 주스가 사과 주스예요? / 사과 주스예요.
   (4) 저 꽃이 장미예요? / 장미예요.

2-3 한 단계 오르기 Step Up!

N의

1. (1) 카린의 휴대폰이에요.
   (2) 레나의 커피예요.
   (3) 빈의 모자예요.
   (4) 엠마의 빵이에요.

2. (1) 이건 선생님의 우산이에요.
  (2) 그건 제 여권이에요.
  (3) 마크는 우리 반 친구예요.

N이/가 아니에요

1. (1) 간호사가 아니에요.
  (2) 유학생이 아니에요.
  (3) 휴대폰이 아니에요.
  (4) 카페라테가 아니에요.

2. (1) 오렌지 주스가 아니에요.
  (2) 빈의 연필이 아니에요.
  (3) 베트남 사람이 아니에요.
  (4) 선생님이 아니에요.

자기 평가

1. ①
2. ③
3. ④
4. ①
5. ②
6. 누가
7. 누구예요
8. 어느
9. 은
10. 이
11. 예요
12. ④
13. ②
14. 이 주스는 오렌지 주스예요.
15. 저 사람이 누구예요?
16. 그 사람은 제 동생이에요.

CHAPTER 3

장소 Place

3-1 학교에서 한국어를 배워요
I learn Korean at school

N을/를 V-아/어요

1.

기본형 base form	A/V -아요	기본형 base form	A/V -어요	기본형 base form	A/V -해요
닫다	닫아요	먹다	먹어요	일(을) 하다	일(을) 해요
사다	사요	읽다	읽어요	공부(를) 하다	공부(를) 해요
보다	봐요	배우다	배워요		
		마시다	마셔요		

2. (1) 을, 를   (2) 를, 을
  (3) 를, 을

3. (1) 저는 아메리카노를 마셔요.
  (2) 저는 한국어를 배워요.
  (3) 저는 책을 읽어요.
  (4) 저는 문을 닫아요.

4. (1) 일을 해요.
  (2) 커피를 사요.
  (3) 영화를 봐요.
  (4) 책을 읽어요.

N에서

1. (1) 여기는 식당이에요.
  (2) 저기는 카페예요.
  (3) 여기는 영화관이에요.

2. (1) 식당에서 밥을 먹어요.
  (2) 도서관에서 책을 읽어요.
  (3) 카페에서 커피를 마셔요.

(4) 편의점에서 휴지를 사요.

3. (1) 회사에서 일을 해요.
(2) 영화관에서 영화를 봐요.
(3) 편의점에서 주스를 사요.
(4) 식당에서 밥을 먹어요.
(5) 도서관에서 책을 읽어요.

3-2 홍대에 가요 I'm going to Hongdae

N이/가 N에 있다/없다

1. (1) 카린은 동생이 없어요.
(2) 서준은 여권이 있어요.
(3) 동생은 휴대폰이 없어요.

2. (1) 연필이 필통 안에 있어요.
(2) 가방이 책상 아래에 있어요.
(3) 우산이 의자 옆에 있어요.
(4) 학생이 책상 옆에 있어요.

3. (1) 교실에 있어요.
(2) 회사에 있어요.
(3) 홍대입구역 앞에 있어요.
(4) 공원이 있어요.
(5) 화장실이 있어요.

N에 가다/오다

1. (1) 엠마가 학교에 와요.
(2) 올가가 카페에 가요.
(3) 빈이 영화관에 가요.
(4) 친구가 우리 집에 와요.

2. (1) 가요.   (2) 와요.
(3) 와요.   (4) 가요.

3. (1) 집에 가요. 집에서 숙제를 해요.
(2) 학교에 가요. 학교에서 한국어를 배워요.
(3) 회사에 가요. 회사에서 일을 해요.
(4) 공원에 가요. 공원에서 산책을 해요.

4. (1) 식당에 가요.
(2) 도서관에 가요.
(3) 친구가 집에 와요.
(4) 수진 씨는 지금 학교에 와요.

3-3 한 단계 오르기 Step Up!

N과/와

1. (1) 와   (2) 과
(3) 와   (4) 과

2. (1) 빈과 첸이 영화를 봐요.
(2) 빵과 우유를 사요.
(3) 카페와 편의점이 있어요.
(4) 마크와 레나를 만나요.

N도

1. (1) 저기도 교실이에요.
(2) 엠마도 라면을 먹어요.
(3) 가방도 책상 위에 있어요.
(4) 제 친구도 자주 카페에 가요.

2. (1) 사과도 좋아해요.
(2) 명동에서도 만나요.
(3) 3층에도 있어요.
(4) 숙제도 해요.

자기 평가

1. ④
2. ②
3. ②
4. ③
5. ①
6. 매일
7. 여기
8. 근처
9. 에
10. 에서, 를
11. 에, 와

12. 도

13. 에서, 과, 을

14. ①

15. ③

16. 선생님은 교실에서 한국어를 가르쳐요.

17. 가방은 책상 아래에 없어요.

18. 옷장 안에 치마와 바지가 있어요.

4-1 오늘이 며칠이에요? What day is it today?

N월 N일이에요

1. (1) 이천십오, 사, 십칠, 수
  (2) 이천이십사, 유, 이십오, 금
  (3) 이천이십구, 칠, 삼십일, 일
  (4) 이천삼십일, 시, 십, 월

2. (1) 오늘은 화요일이에요.
  (2) 내일은 삼월 십 일이에요.
  (3) 내일은 수요일이에요.
  (4) 파티는 십일월 이십오 일이에요.

3. (1) 내일은 십이월 십이 일이에요.
  (2) 십이월 십구 일은 화요일이에요.
  (3) 시험이 언제예요?
  (4) 파티가 언제예요?

N에

1. (1) 시월 십오 일에
  (2) 화요일에
  (3) 지금
  (4) 평일에
  (5) 오늘

2. (1) ② 식당에서
  (2) ② 매일
  (3) ① 무슨 요일에
  (4) ③ 마크의 집에

3. (1) 언제 영화를 봐요?
    유월 십 일에 영화를 봐요.
  (2) 언제 산책을 해요?
    매일 산책을 해요.
  (3) 언제 맥주를 마셔요?
    토요일에 맥주를 마셔요.
  (4) 언제 서점에 가요?
    내일 서점에 가요.
  (5) 언제 쉬어요?
    주말에 쉬어요.

4-2 어제 홍대에서 친구를 만났어요
I met my friend in Hongdae yesterday

'으' 탈락

1.

기본형 base form	A/V-아요	기본형 base form	A/V-어요
아프다	아파요	예쁘다	예뻐요
나쁘다	나빠요	크다	커요
바쁘다	바빠요	쓰다	써요
(배가) 고프다	(배가) 고파요	끄다	꺼요

2. (1) 제 친구가 예뻐요.
  (2) 백화점이 커요.
  (3) 배가 고파요.
  (4) 기분이 나빠요.

3. (1) 머리가 아파요. 그래서 약을 먹어요.
  (2) 배가 고파요. 그래서 식당에 가요.
  (3) 꽃이 예뻐요. 그래서 꽃을 사요.
  (4) 평일에 바빠요. 그래서 주말에 친구를 만나요.

A/V-았/었어요

1.

기본형 base form	A/V -았어요	기본형 base form	A/V -었어요	기본형 base form	A/V -했어요
작다	작았어요	먹다	먹었어요	공부(를) 하다	공부(를) 했어요
좋다	좋았어요	읽다	읽었어요	산책(을) 하다	산책(을) 했어요
만나다	만났어요	배우다	배웠어요	숙제(를) 하다	숙제(를) 했어요
보다	봤어요	맛있다	맛있었어요	구경(을) 하다	구경(을) 했어요
바쁘다	바빴어요	쓰다	썼어요	좋아하다	좋아했어요

기본형 base form	N이었어요	기본형 base form	N였어요
회사원이다	회사원이었어요	요리사이다	요리사였어요

2. (1) 만나요 (2) 왔어요
   (3) 아팠어요 (4) 읽어요
   (5) 좋았어요

3. (1) 한국어를 공부했어요.
   (2) 자전거를 탔어요.
   (3) 맥주를 마셨어요.
   (4) 공연이 멋있었어요.

4.

지금	2022년
저는 지금 한국에 있어요. 유학생이에요. 주말에 친구를 만나요. 보통 카페에 가요. 한국에 카페가 많아요.	저는 2022년에 중국에 있었어요. 회사원이었어요. 평일에 바빴어요. 주말에는 집에 있었어요. 집에서 영화를 봤어요.

4-3 한단계 오르기 Step Up!

무슨 N

1. (1) 무슨 주스 (2) 무슨 커피
   (3) 무슨 꽃

2. (1) 무슨 주스를 샀어요?
      사과 주스를 샀어요.
   (2) 어제 무슨 옷을 입었어요?
      치마를 입었어요.
   (3) 그게 무슨 책이에요?
      이건 한국어 책이에요.

N과/와 (같이)

1. (1) 아니요, 친구와 (같이) 밥을 먹어요.
   (2) 아니요, 친구와 (같이) 맥주를 마셨어요.
   (3) 아니요, 친구와 (같이) 쇼핑을 했어요.
   (4) 네, 혼자 학교에 왔어요.

2. (1) 저는 레나와 같이 약국에 가요.
   (2) 엠마는 친구와 같이 영화를 봐요.
   (3) 민아는 서준과 같이 유학생들을 만나요.

자기 평가

1. ②
2. ④
3. ③
4. ④
5. 언제
6. 무슨
7. 무엇
8. 누구
9. 고파요
10. 꺼요
11. 예뻐요
12. 바빠요
13. ①
14. ③
15. 민아는 지금 편지를 써요.
16. 레나는 어제 배가 아팠어요.
17. 카린은 평일에 한국어 수업이 있어요.
18. 파티마는 지난주에 케이크를 만들었어요.

CHAPTER 5

일상 Daily Life

5-1 지금 몇 시예요? What time is it now?

N부터 N까지

1. (1) 아홉 시예요.
(2) 한 시 십오 분이에요.
(3) 두 시 이십 분이에요.
(4) 세 시 삼십 분이에요.(세 시 반이에요.)
(5) 네 시 사십오 분이에요.
(6) 다섯 시 오십 분이에요.
(7) 여덟 시 삼십팔 분이에요.

2. (1) 아홉 시 십 분에   (2) 여덟 시 십오 분에
(3) 두 시 이십오 분에   (4) 열한 시 오십 분에
(5) 다섯 시 삼십 분(반)에

3. (1) 아홉 시부터 아홉 시 삼십 분(반)까지 책을 읽어요.
(2) 월요일부터 금요일까지 일을 해요.
(3) 5월 3일부터 학원에 가요.
(4) 열한 시까지 휴대폰을 봐요.

4. (1) 세 시부터 다섯 시까지 게임을 해요.
(2) 10월 23일부터 10월 25일까지 여행을 해요.
(3) 지난달부터 한국어를 배웠어요.
(4) 월요일부터 금요일까지 학교에 가요.

A/V-고

1.

	기본형 base form	A/V-고
먹어요	먹다	먹고
맛있어요	맛있다	맛있고
싸요	싸다	싸고
봐요	보다	보고
예뻐요	예쁘다	예쁘고

기본형 base form	N이고	기본형 base form	N고
학생이다	학생이고	주스이다	주스고

2. (1) 작고 비싸요.
(2) 친절하고 멋있어요.
(3) 깨끗하고 조용해요.
(4) 일본 사람이고 간호사예요.

3. (1) 점심을 먹고 댄스학원에 갔어요.
(2) 댄스 수업이 끝나고 저녁을 먹었어요.
(3) 저녁을 먹고 숙제를 했어요.
(4) 숙제를 하고 동생과 산책을 했어요.

4. (1) 엠마는 휴대폰을 보고 마크는 책을 읽어요.
(2) 올가는 커피를 마시고 빈은 영화를 봐요.
(3) 파티마는 잠을 자고 서준은 운동을 해요.
(4) 카린은 노래를 하고 레나는 춤을 춰요.

5-2 이번 주말에 청소할 거예요
I'll clean up this weekend

V-(으)ㄹ 거예요

1.

	기본형 base form	V-을 거예요
먹어요	먹다	먹을 거예요
읽어요	읽다	읽을 거예요
찍어요	찍다	찍을 거예요
씻어요	씻다	씻을 거예요
입어요	입다	입을 거예요

	기본형 base form	V-ㄹ 거예요
사요	사다	살 거예요
봐요	보다	볼 거예요
써요	쓰다	쓸 거예요
청소해요	청소(를) 하다	청소할 거예요
아르바이트(를) 해요	아르바이트(를) 하다	아르바이트(를) 할 거예요

2. (1) 김밥을 먹을 거예요.
(2) 여행을 할 거예요.
(3) 영화관에 갈 거예요.
(4) 책을 읽을 거예요.

3. (1) 해요 (2) 찍을 거예요
(3) 볼 거예요 (4) 할 거예요

4. (1) 저는 지난 주말에 낮잠을 잤어요.
이번 주말에는 공연을 볼 거예요.
(2) 저는 지난 주말에 머리를 했어요.
이번 주말에는 책을 읽을 거예요.
(3) 저는 지난 주말에 공연을 봤어요.
이번 주말에는 친구를 만날 거예요.

'ㄷ' 불규칙

1.

기본형 base form	A/V- 아/어요	A/V- 았/었어요	V-(으)ㄹ 거예요	A/V-고
듣다	들어요	들었어요	들을 거예요	듣고
묻다	물어요	물었어요	물을 거예요	묻고
걷다	걸어요	걸었어요	걸을 거예요	걷고
닫다	닫아요	닫았어요	닫을 거예요	닫고
받다	받아요	받았어요	받을 거예요	받고

2. (1) 한국어 수업을 들어요.
(2) 공원에서 걸어요.
(3) 선물을 받았어요.
(4) 창문을 닫을 거예요.

3. (1) 닫고 (2) 들어요
(3) 받았어요 (4) 들었어요
(5) 걸을 거예요

5-3 한단계 오르기 Step Up!

N 전에, N 후에

1. (1) 외출 전에 화장을 해요.
(2) 시험 후에 쇼핑을 할 거예요.
(3) 식사 후에 산책을 할 거예요.

2. (1) 2시간 반 전에 낮잠을 잤어요.
(2) 한 달 후에 여행을 할 거예요.
(3) 10일 전에 고향 친구를 만났어요.
(4) 3일 후에 시험이 있어요.

N(으)로①

1. (1) 젓가락으로 라면을 먹어요.
(2) 반 친구와 한국어로 이야기해요.
(3) 연필로 이름을 썼어요.
(4) 휴대폰으로 음악을 들을 거예요.

2. (1) 빈은 태블릿 PC로 그림을 그려요.
(2) 저는 휴대폰으로 SNS를 해요.
(3) 우리는 한국어로 노래를 해요.
(4) 엠마는 바나나와 딸기로 케이크를 만들어요.

자기 평가

1. ③
2. ②
3. ③
4. ①
5. ②
6. 전에
7. 후에
8. 동안
9. 부터, 까지
10. 들어요
11. 받았어요
12. 닫고
13. 걸을 거예요
14. ①

15. ③

16. 저는 휴대폰으로 사진을 찍어요.

17. 오후 2시부터 4시까지 머리를 해요.

18. 카린은 텔레비전을 보고 마크는 음악을 들어요.

CHAPTER 6

쇼핑 Shopping

6-1 이 가방이 얼마예요? How much is this bag?

N이/가 얼마예요?

1. (1) 육백구십   (2) 사천삼백
   (3) 삼만 오천이백   (4) 이백팔만 칠천

2. (1) 명, 명   (2) 켤레
   (3) 병, 권   (4) 개

3. (1) 얼마예요?
    콜라는 팔백이십 원이에요.
  (2) 얼마예요?
    지갑은 십오만 삼천 원이에요.
  (3) 얼마예요?
    공책은 한 권에 이천육백 원, 세 권에 육천사백 원
    이에요.
  (4) 얼마예요?
    양말은 두 켤레에 육천 원, 네 켤레에 만 오백 원이
    에요.

V-(으)세요, V-지 마세요

1.

	기본형 base form	V-(으)세요	V-지 마세요
읽어요	읽다	읽으세요	읽지 마세요
입어요	입다	입으세요	입지 마세요
들어요	듣다	들으세요	듣지 마세요

가요	가다	가세요	가지 마세요
봐요	보다	보세요	보지 마세요
해요	하다	하세요	하지 마세요
꺼요	끄다	끄세요	끄지 마세요
먹어요	먹다	드세요	먹지 마세요
마셔요	마시다	드세요	마시지 마세요
잠을 자요	잠을 자다	주무세요	잠을 자지 마세요

2. (1) 이야기하세요.   (2) 씻으세요.
   (3) 기다리세요.   (4) 드세요.
   (5) 걸으세요.

3. (1) 음식을 먹지 마세요.
   (2) 이야기를 하지 마세요.
   (3) 전화를 하지 마세요.
   (4) 사진을 찍지 마세요.

4. (1) 보세요.   (2) 마시지 마세요.
   (3) 가세요.   (4) 자지 마세요.

6-2 커피를 한 잔 마시고 싶어요
I want to drink a cup of coffee

V-고 싶다

1.

	기본형 base form	V-고 싶다
먹어요	먹다	먹고 싶어요
받아요	받다	받고 싶어요
걸어요	걷다	걷고 싶어요
가요	가다	가고 싶어요
봐요	보다	보고 싶어요
써요	쓰다	쓰고 싶어요
공부(를) 해요	공부(를) 하다	공부(를) 하고 싶어요
운동(을) 해요	운동(을) 하다	운동(을) 하고 싶어요

2. (1) 가방을 사고 싶어요.
(2) 잠을 자고 싶어요.
(3) 자전거를 타고 싶어요.
(4) 아르바이트를 하고 싶어요.

3. (1) 집에서 쉬고 싶어요.
(2) 사진을 찍고 싶어요.
(3) 영화를 보고 싶어요.
(4) 콜라하고 사과를 사고 싶어요.
(5) 화장품하고 지갑을 받고 싶어요.

안 A/V   A/V-지 않다

1.

	기본형 base form	안 A/V	A/V-지 않다
읽어요	읽다	안 읽어요	읽지 않아요
먹어요	먹다	안 먹어요	먹지 않아요
작아요	작다	안 작아요	작지 않아요
들어요	듣다	안 들어요	듣지 않아요
싸요	싸다	안 싸요	싸지 않아요
마셔요	마시다	안 마셔요	마시지 않아요
예뻐요	예쁘다	안 예뻐요	예쁘지 않아요
조용해요	조용하다	안 조용해요	조용하지 않아요
공부(를) 해요	공부(를) 하다	공부(를) 안 해요	공부(를) 하지 않아요

2. (1) 자요. / 잠을 안 자요.
(2) 사요. / 옷을 안 사요.
(3) 들어요. / 음악을 안 들어요.
(4) 청소해요. / 청소 안 해요.

3. (1) 안 바빠요. / 바쁘지 않아요.
(2) 안 많아요. / 많지 않아요.
(3) 안 만났어요. / 만나지 않았어요.
(4) 쇼핑 안 하고 싶어요. / 쇼핑하고 싶지 않아요.

4. (1) 커피를 안 마시고 싶어요. (마시고 싶지 않아요.)
(2) 맛없어요.
(3) 고향이 안 갔어요. (고향에 가지 않았어요.)
(4) 운동 안 할 거예요. (운동하지 않을 거예요.)

6-3 한 단계 오르기 Step Up!

V-고 싶어 하다

1. (1) 쉬고 싶어요.   (2) 추고 싶어 해요.
(3) 입고 싶어요.   (4) 열고 싶어 해요.

2. (1) 사고 싶어요. / 사고 싶어 해요.
(2) 마시고 싶어요. / 마시고 싶어 해요.
(3) 보고 싶어요. / 보고 싶어 해요.
(4) 가고 싶어요. / 가고 싶어 해요.

N만

1. (1) 빵만 먹어요.
(2) 한국어 책만 있어요.
(3) 단어만 외웠어요.

2. (1) 바지만 샀어요.
(2) 삼겹살만 먹었어요.
(3) 주말에만 만나요.
(4) 백화점에서만 팔아요.

자기 평가

1. (1) 사과, 샤프   (2) 공책
(3) 바지, 티셔츠   (4) 영화표
(5) 냉면, 비빔밥   (6) 강아지
(7) 불고기, 된장찌개   (8) 케이크
2. 이백구십만 칠천
3. 서른두
4. 별로
5. 또
6. 특히
7. 잠깐만
8. ①
9. ④
10. ②
11. 저는 식당에서 김밥을 주문하고 싶어요.
12. 올가는 순두부찌개를 안 먹고 싶어 해요.

MEMO

MEMO

MEMO

MEMO

MEMO

MEMO

MEMO

Hi! KOREAN 1A
Workbook

지 은 이 강원경, 구민영, 김정아, 이경아, 이미지, 이선미
펴 낸 이 정규도
펴 낸 곳 (주)다락원

초판 1쇄 발행 2023년 10월 20일
초판 2쇄 발행 2025년 3월 31일

책 임 편 집 이숙희, 한지희
디 자 인 김나경, 안성민
일 러 스 트 윤병철
번   역 Jamie Lypka
이미지 출처 shutterstock, iclickart, wikicommons

다락원 경기도 파주시 문발로 211, 10881
내용 문의 : (02)736-2031 내선 420~426
구입 문의 : (02)736-2031 내선 250~252
Fax : (02)732-2037
출판등록 1977년 9월 16일 제406-2008-000007호

ISBN   978-89-277-3135-7 14710
         978-89-277-3313-3 (SET)

http://www.darakwon.co.kr
http://koreanbooks.darakwon.co.kr

다락원 홈페이지를 방문하시면 상세한 출판 정보와 함께 MP3 자료 등 다양한 어학 정보를 얻으실 수 있습니다.